5 AKTIV UND PASSIV

Aktiv und Passiv

In vielen Sätzen geht es um einen Vorgang oder eine Handlung. Dann benennt das Subjekt, wer etwas tut, und das Prädikat nennt die Tätigkeit. Diese Form des Verbs wird **Aktiv** genannt.
*Melanie **deckt** den Tisch. Sascha **spült ab**.*

Eine andere Form des Verbs ist das **Passiv**. Dabei stehen die Handlung oder die Betroffenen im Mittelpunkt. Wer etwas tut, ist nicht wichtig. Der Täter kann, aber muss nicht genannt werden.
*Der Tisch **wird** (von Melanie) **gedeckt**.*

Das Passiv wird gebildet aus dem **Hilfsverb *werden*** und dem **Partizip II des Verbs**.

Präsens:	*Später **wird** das Geschirr **abgespült**.*
Präteritum:	*Später **wurde** das Geschirr **abgespült**.*
Perfekt:	*Später **ist** das Geschirr **abgespült worden**.*
Plusquamperfekt:	*Später **war** das Geschirr **abgespült worden**.*
Futur:	*Später **wird** das Geschirr **abgespült werden**.*

Vorgangs- und Zustandspassiv
Mit dem **Vorgangspassiv** kannst du ausdrücken, dass du einen **Vorgang** oder eine **Handlung** betonen möchtest.
Jemand deckt den Tisch. ▶ *Der Tisch **wird gedeckt**.*

Wenn du das **Ergebnis** des Vorgangs oder der Handlung betonen möchtest, verwendest du das **Zustandspassiv**:
Jemand hat den Tisch gedeckt. ▶ *Der Tisch **ist gedeckt**.*
Der Tisch ist gedeckt worden. ▶ *Der Tisch **ist gedeckt**.*

Das Zustandspassiv wird nicht mit *werden*, sondern mit ***sein*** und **Partizip II** gebildet.

6 IMPERATIV, INDIKATIV UND KONJUNKTIV

Imperativ

Mit der Verbform **Imperativ** kann man ausdrücken, dass Angesprochene etwas tun sollen.
***Schneide** die Zwiebeln! **Schneidet** ...! **Schneiden Sie** ...!*

Der Imperativ wird aus dem Stamm des Verbs gebildet. Ein ***-e*** kann angehängt werden, meist wird es aber weggelassen.
Im Plural wird ein ***-t*** angehängt.
geh**en* ▶ ***geh! oder ***gehe!***, ***geht!***
komm**en* ▶ ***komm! oder ***komme!***, ***kommt!***
Beim Imperativ steht nie ein Apostroph!

Bei einigen Verben wird der Vokal beim Imperativ Singular von ***e*** zu ***i*** verändert. Diese Formen musst du dir merken!

essen ▶ *iss!*
geben ▶ *gib!*
helfen ▶ *hilf!*
erschrecken ▶ *erschrick nicht!*
nehmen ▶ *nimm!*
sehen ▶ *sieh!*
lesen ▶ *lies!*
vergessen ▶ *vergiss nicht!*

Konjunktiv

Die übliche Form der Verben heißt **Indikativ** (Wirklichkeitsform des Verbs).
*Obst **ist** gesund.* *Er **kauft** jede Woche frisches Obst.*

Verben können aber auch **gewünschte** oder **nicht wirkliche Handlungen, Vorgänge oder Zustände** ausdrücken. Die Form dafür heißt **Konjunktiv** (Möglichkeitsform des Verbs).

Konjunktiv I
Mit dem **Konjunktiv I** des Verbs kann man ausdrücken, dass etwas unsicher, (noch) nicht wirklich oder erwünscht ist:
*Die meisten sind überzeugt, Obst und Gemüse **seien** gesund.*

Konjunktiv II
Mit dem **Konjunktiv II** des Verbs kann man ausdrücken, dass etwas nicht wirklich ist oder dass eine Bedingung nicht erfüllt ist:
*Wenn ich Milch **hätte**, **würde** ich Pudding kochen.*

Bildung des Konjunktivs I und II
Die Formen des **Konjunktivs** werden von denen des **Indikativs** abgeleitet. Bei einigen Formen des **Konjunktiv I** wird ein ***e*** eingeschoben.

	Indikativ Präsens	Konjunktiv I
ich	habe	*habe*
du	hast	*habest*
er, sie, es	hat	*habe*
wir	haben	*haben*
ihr	habt	*habet*
sie	haben	*haben*

Im **Konjunktiv II** steht oft ein **Umlaut**. Ist die Form unüblich oder nicht von den Formen des Indikativs zu unterscheiden, kann eine **Ersatzform** mit **würde + Infinitiv** gebildet werden.

Indikativ Präteritum		Konjunktiv II	Ersatzform
ich	hatte	*hätte*	*würde haben*
du	hattest	*hättest*	*würdest haben*
er, sie, es	hatte	*hätte*	*würde haben*
wir	hatten	*hätten*	*würden haben*
ihr	hattet	*hättet*	*würdet haben*
sie	hatten	*hätten*	*würden haben*

Deutsch 7. Klasse auf einen Blick
von Georg B. Lammerwein
© PONS GmbH, Stuttgart 2010
PONS Produktinfos und Shop: www.pons.de
PONS Sprachenportal: www.pons.eu
E-Mail: info@pons.de

ISBN: 978-3-12-561714-8
9 783125 617148

3 RECHTSCHREIBUNG

Kurze Vokale

Auf kurze Vokale folgen meist **zwei oder mehrere Konsonanten**. Ist nur ein Konsonant zu hören, wird dieser beim Schreiben meist **verdoppelt**.
Senf, Kind, Wände, Stamm, kann, schlapp, …

Achtung: In der Verdoppelung wird ***k*** zu ***ck*** und ***z*** zu ***tz***!

fasten, fassen, Dackel, Fratze, Felge, Felle, meckern, …

Ausnahmen gibt es nur bei kurzen Wörtern und bei Vor- und Nachsilben.
kurze Wörter: *ab, am, an, bin, Bus, das, des, in, mit, um*
Vorsilbe: *anzünden, erfinden, vermachen*
Nachsilbe: *Hindernis, Lehrerin*

Konsonanten

Doppelkonsonanten

Doppelkonsonanten sind nur als zwei Konsonanten **hörbar**, wenn sie **zwischen Vokalen** stehen, also am Ende der ersten *und* am Anfang einer zweiten Silbe: *hus-ten, kom-men, …*
Stehen sie am **Silbenende oder vor -t in Verbformen**, dann kannst du sie durch **Ableiten** ermitteln.
Achtung! Zusammengesetzte Wörter musst du manchmal erst auseinandernehmen:
der Grundriss, die Grundrisszeichnung ▶ *die Grundris-se*
sie stellt, unvorstellbar ▶ *wir stel-len*
schnell, der Schnellhefter ▶ *noch schnel-ler*

Ableiten – wie geht's?
Nomen: Pluralform – *der Weg* ▶ *die We-ge*
Adjektive: Komparativ – *wild* ▶ *noch wil-der*
Verben: wir-Form – *ihr schriebt* ▶ *wir schrie-ben*
Steht das Wort in einer **Ableitung oder Zusammensetzung**, dann zerlege das Wort:
unbeliebt ▶ *wir lie-ben, Raubmord* ▶ *wir rau-ben*

Gleichklang im Auslaut

Die Konsonanten ***b, d, g*** werden am **Silbenende** oder **vor -t in Verbformen** anders gesprochen als am Anfang einer Silbe. Nur wenn sie am **Anfang einer Silbe** stehen, kannst du sie gut mitsprechen und von ***p, t, k*** unterscheiden.
Auch hier helfen **Ableitungen** weiter. Suche eine Form des Worts, in der der Laut, den du erkennen möchtest, am Anfang einer Silbe steht.
backen - packen, sel-ber - stol-pern, danken - tanken, Mar-der - mar-tern, gelten - Kelten, Ha-gen - Ha-ken

Das hörbare h

Ein ***h*** ist nur **am Anfang einer Silbe hörbar**. Steht es am Silbenende oder vor -t in Verbformen, musst du es durch Ableiten ermitteln!
das Geweih ▶ *die Gewei-he, froh* ▶ *noch fro-her, es zieht* ▶ *wir zie-hen*

s-Laute

Im Deutschen gibt es zwei unterschiedliche s-Laute.
Das **stimmhafte s** kommt ***nur* am Anfang eines Worts oder einer Silbe** vor. Es wird immer als **einfaches s** geschrieben.
Rose, so, rasant

Der **stimmlose s-Laut** kommt **am Anfang *oder* Ende einer Silbe** und **vor -t in Verbformen** vor.
Dieser s-Laut wird als ***s***, ***ss*** oder ***ß*** geschrieben:
der Gast, er reist, fassen, er beißt

Das stimmlose s: s, ss oder ß?	
s	Findest du ein **Ableitungswort mit stimmhaftem s**, schreibst du **s:** *die Maus* ▶ *die Mäuse, ich las* ▶ *wir lasen, …*
ss	Nach **kurzem, betontem Vokal** wird **ss** geschrieben. Bei Ableitungen hörst du das Doppel-s deutlich: *Tas-se, nass* ▶ *noch nas-ser*
ß	Nach **langem oder doppeltem Vokal** wird **ß** geschrieben. Bei Ableitungen hörst du den s-Laut nur einmal – am Anfang der Silbe: *drau-ßen, Spaß* ▶ *Spä-ße, heiß* ▶ *noch hei-ßer*

Die Endsilbe *-nis*

Die Endsilbe *-nis* macht eine Ausnahme, die du dir einprägen musst: Im Singular schreibst du nur *s*, im Plural *ss*.
das Erlebnis ▶ *die Erlebnisse, das Zeugnis* ▶ *die Zeugnisse*

Wortfamilien

Bei der Suche nach der korrekten Schreibung können dir Wortfamilien helfen, weil Wörter derselben Wortfamilie meist gleich geschrieben werden.
schließen: Schließfach, beschließt, schließlich
Spaß: spaßig, spaßen, Spaßmacher

Schwierige Laute

Wörter mit *ä* und *äu*

Meistens schreibst du *e* bzw. *eu*. Für die meisten *ä*- bzw. *äu*-Wörter lassen sich **Ableitungen oder Wortverwandte** mit *a* bzw. *au* finden.
die Wände ▶ *die Wand, die Bäume* ▶ *der Baum, …*

Ausnahmeschreibungen ohne Wortverwandte oder Ableitungen:
spät, sich ärgern, der Bär, der Lärm, das Mädchen, fähig, ungefähr, der nächste, nämlich, rückwärts, …

Schreibweisen des ks-Lautes

Der ks-Laut kann im Deutschen auf fünf verschiedene Weisen geschrieben werden. Du kannst dir die richtige Schreibung nur **merken**!

x:	*Nixe, mixen, Text, …*	**chs:**	*Achse, Wachs, wechseln, …*
ks:	*schlaksig, links, …*	**gs:**	*unterwegs, längst, …*
cks:	*Knacks, zwecks, …*		

dass oder *das*?

Die Konjunktion *dass*

Satzgefüge mit dass-Sätzen kommen häufig vor, wo etwas erklärt oder berichtet wird.
Du denkst am leichtesten daran, die Konjunktion ***dass* mit Doppel-s** zu schreiben, wenn du dir die **Wendungen** einprägst, nach denen oft dass-Sätze folgen.

Auf einen Blick
Deutsch
7. Klasse

PONS

1 RECHTSCHREIBUNG

Großschreibung

Nominalisierungen
Nomen werden großgeschrieben. Großschreiben musst du aber auch Wörter anderer Wortarten, wenn sie als Nomen verwendet werden. Man spricht dann von **Nominalisierungen**.

Artikel, die sich auf ein nominalisiertes Verb oder Adjektiv beziehen oder die du einfügen kannst, machen deutlich, dass es sich um eine Nominalisierung handelt.

Nominalisierte Verben
Infinitive und **Partizipien** von Verben können wie Nomen benutzt werden. Du schreibst sie groß.
Er begeistert sich für ***das Schwimmen.***
Wenn sein Verein gewinnt, gehört er zu ***den Jubelnden.***
Wenn sein Verein verliert, tröstet er ***die Besiegten.***

Nominalisierte Adjektive
Auch Adjektive können wie Nomen benutzt werden und werden dann großgeschrieben.
Der *große* ***Blonde*** *dort, das ist mein Bruder.*
Lisa ist ***die Beste*** *im Wettkampf.*

> **Pronomen als Signale für die Großschreibung**
> Wenn sich ein Pronomen wie *dieses, mein, welches, kein, alles, etwas, nichts* auf ein Wort bezieht, ist dies ein Hinweis darauf, dass es wie ein Nomen gebraucht wird. Diese Pronomen lassen sich meist durch Artikel ersetzen. Sie sind Signale für die Großschreibung.
> *Ich finde* ***diesen Film*** *spannend.*
> ***Mein Singen*** *gefällt dir wohl nicht?*
> *Da nützt* ***alles Bitten*** *und* ***Betteln*** *nichts.*
> *Es gibt* ***nichts Neues****.*

Nominalisierte Pronomen, Adverbien, Präpositionen
Die Nominalisierung dieser Wortarten ist selten, kann aber gerade deshalb besonders wirkungsvoll sein.
Jedem ***das Seine.*** *Er ist doch* ***ein Niemand!*** *Weine nicht* ***dem Gestern*** *nach! Das war* ***das Aus*** *für unsere Mannschaft.*

Adjektive in festen Wortgruppen
Wenn deutlich gemacht werden soll, dass etwas Besonderes gemeint ist, werden Adjektive in festen Wortgruppen großgeschrieben:
- **Titel**: *der* ***R****egierende Bürgermeister, der* ***H****eilige Vater*
- **Feiertag**: *der* ***E****rste Mai, der* ***H****eilige Abend*
- **geschichtliches Ereignis:** *der* ***E****rste Weltkrieg*
- **Pflanzen- und Tiernamen:** *der* ***B****laue Eisenhut, der* ***R****ote Milan, die* ***S****chwarze Witwe*

Adjektive in Eigennamen
Lebewesen und Dinge haben Eigennamen. Diese werden großgeschrieben – auch die Adjektive, die dazugehören.
- *Elisabeth die* ***Zweite*** *von England*
- *die* ***Breite*** *Straße, das Gasthaus Zum* ***Grünen*** *Baum*
- *die* ***Europäische*** *Union*

Höflichkeitsanrede *Sie*
In geschriebenen Texten wird unmissverständlich klar, dass jemand höflich angeredet wird, wenn du die großgeschriebenen Pronomen *Sie, Ihrer, Ihnen, Ihr, Ihres, Ihrem, Ihren* benutzt.

Zeitangaben
Tageszeiten und Wochentage können als **Nomen** benutzt werden. Achte auf die Signale für die Großschreibung:
mit Artikel: ***der*** *Morgen,* ***am*** *(= an dem) frühen Morgen*
mit Pronomen: ***jeden*** *Abend,* ***diesen*** *Mittwoch*

Tageszeiten und Tage können als **Adverbien** benannt werden. Dann musst du sie **kleinschreiben**.
vorgestern, gestern, heute, morgen, übermorgen, nachts, abends

Tag und Tageszeit zusammen können in zwei Wörtern (**Adverb** und **Nomen**) benannt werden. Dann musst du das erste Wort klein- und das zweite großschreiben.
g*estern* ***M****orgen,* ***h****eute* ***M****ittag,* ***ü****bermorgen* ***A****bend*

> **Mach die Probe!**
> Passt ein **Artikel** oder ein **Pronomen** wie ***dieser/jeder*** davor? Dann schreib die Angabe groß!

Lange Vokale

Ein Vokal ist immer lang, wenn er **am Silbenende** steht oder durch **Ableiten** ans Silbenende gebracht werden kann:
*m****a****-len, der Rat ▶ r****a****-ten, r****e****-den, der Weg ▶ die W****e****-ge …*

- Die meisten langen Vokale werden einfach ***a, e, o, u*** geschrieben, für langes ***i*** wird in den meisten Wörtern ***ie*** geschrieben.
- Bei wenigen Wörtern wird der lange Vokal vor ***l, m, n*** oder ***r*** durch ein **unhörbares Dehnungs-h** gekennzeichnet. Diese Wörter musst du dir merken!
  *die Ba****h****n, der Le****h****m, ne****h****men, i****h****r, i****h****re, der Ko****h****l, wo****h****nen*
- Noch seltener sind Wörter, bei denen die Länge durch **Vokalverdopplung** gekennzeichnet ist. Auch diese Wörter solltest du dir merken!

aa	ee	oo
*ein P**aa**r*	*l**ee**r*	*ein B**oo**t*
*das H**aa**r*	*der Schn**ee***	*das M**oo**s*

Achtung: Die **Umlaute *ä, ö, ü*** werden **nie verdoppelt**:
*Boot ▶ B****ö****tchen, Paar ▶ P****ä****rchen, …*

Das Pronomen *das*
Als **Pronomen** schreibt man ***das*** mit **einfachem s.**
Wenn du nicht sicher bist, um welche Form es sich handelt, mach die Probe!

> **Ersatzprobe mit *etwas***
> Versuche den das(s)-Satz durch *etwas* zu ersetzen. Ist dies möglich, schreibst du immer ***dass***.
> *Alle wünschen, **dass der Streit aufhört**.*
> *Alle wünschen **etwas**.*

Wortbildung

Die meisten Wörter der deutschen Sprache bestehen aus mehreren Wortbausteinen. Ein Wortbaustein ist ein Teil eines Wortes, der eine Bedeutung hat. Es gibt **Vor**bausteine, **Grund**bausteine und **End**bausteine: **auf-bau-en**, **Be-bau-ung**

Mit Vor- und Endbausteinen bildest du aus Grundbausteinen **Ableitungen:** **bau** ▶ **um-bau-en**, **An-bau**, **ver-bau-en**
Mit mehreren **Grund**bausteinen bildet man **Zusammensetzungen:** **Kran-führ**-er, **Tief-bau**-unter-**nehm**-en

Vor- und Endbausteine werden immer gleich geschrieben!

Vorbausteine
Vorbausteine schreibst du immer gleich. Bei einigen gibt es Besonderheiten zu beachten:
- ***ver-*** und ***vor-*** schreibt man mit ***v***.
- Der Vorbaustein ***miss-*** wird mit Doppel-s geschrieben.
- Den Vorbaustein ***ent-*** darfst du nicht mit dem Grundbaustein ***end*** (Ende) verwechseln (*entkommen – endlich*).
- Die Vorbausteine ***wieder-*** und ***wider-*** bedeuten Verschiedenes und werden verschieden geschrieben: *wieder*holen (*noch einmal* tun), *wider*sprechen (*dagegen* sprechen).

Grundbausteine
Alle Wörter, die denselben Grundbaustein enthalten, gehören zu einer **Wortfamilie.** Der Grundbaustein wird fast immer gleich geschrieben, nur manchmal wird der Vokal zum Umlaut.
end: ***End**e, **End**ung, **end**en, Be**end**igung, **end**los, Un**end**lichkeit*
grund: ***grund**los, Ab**grund**, **gründ**en, **gründ**lich, Be**gründ**ung*

Bei Grundbausteinen, die auf *b, d, g, h, s* oder *ß* bzw. auf Doppelkonsonanten enden, kann **Ableiten** helfen.
*Er**geb**nis ▶ er**geb**en, **hand**lich ▶ **Händ**e, **frag**los ▶ **frag**en,*
***Weis**heit ▶ **weis**e, **schließ**lich ▶ **schließ**en*

Endbausteine
Endbausteine können über die Wortart und damit über die Groß- oder Kleinschreibung entscheiden.
Nomen: *-ung, -tum, -keit, -heit, -schaft, -nis*
Adjektive: *-los, -ig, -lich, -bar, -sam, -haft, -isch*

Merkwörter

Für fast jedes zehnte aller deutschen Wörter gilt, dass du die Schreibweise nicht durch genaues Mitsprechen oder durch Ableiten erschließen kannst. Die Schreibung dieser Wörter kannst du dir nur gut **merken.**

Wörter mit ai
*H**ai**, K**ai**, K**ai**ser, M**ai**, M**ai**s, Brotl**ai**b, L**ai**e, ...*

Wörter mit v statt f
***V**ater, **V**eilchen, **V**ers, **V**etter, **V**ieh, **V**ogel, **V**olk, ...*

Wörter mit nicht ableitbarem b, d, g
***b:** Er**b**sen, Her**b**st, hü**b**sch, O**b**st, sel**b**st, ...*
***g:** Ja**g**d, Ma**g**d, we**g**, ...*
***d:** bal**d**, irgen**d**, Jugen**d**, nirgen**d**s, ...*

Merkwörter mit dt
*entsan**dt**, gesan**dt**, verwan**dt**, Sta**dt**, stä**dt**isch, ...*

Wörter mit qu
***qu**er, be**qu**em, **Qu**elle, **Qu**alle, **Qu**arz, be**qu**em, **Qu**al, ...*

> **Gleichschreibungslisten!**
> Stelle Listen von Wörtern zusammen, in denen dieselben besonderen Buchstaben oder Buchstabenfolgen vorkommen. Wenn du diese Listen öfter anschaust, fällt dir beim Schreiben hoffentlich ein: „*Mais* gehört ja zu den Wörtern mit *ai*!“

Fremdwörter

Bei Fremdwörtern gibt es besondere Laute, die im Deutschen nicht vorkommen. Und es gibt andere Schreibweisen für Laute, die ebenso im Deutschen vorkommen. Wenn du Fremdwörter lernen willst, präge dir immer ihre besondere **Schreibung** zusammen mit ihrer **Bedeutung** ein.

Am leichtesten lernst du Fremdwörter mit Hilfe von **Gleichschreibungslisten.** Dazu stellst du Listen von Wörtern zusammen, in denen dieselben besonderen Buchstaben oder Buchstabenfolgen vorkommen.

Fremdwörter mit y
*Anal**y**se, S**y**mpathie, s**y**stematisch, s**y**mbolisch, t**y**pisch, ...*

Fremdwörter mit th
***Th**eater, **Th**ema, **Th**ermometer, A**th**let, ...*

Fremdwörter mit ph
***Ph**ilosophie, **Ph**osphor, **Ph**ysik, ...*

Fremdwörter mit x
*E**x**amen, E**x**port, e**x**akt, E**x**emplar, E**x**perte, ...*

Fremdwörter mit c
***C**amping, **C**lown, **C**urry, **C**omputer, **C**ontainer, ...*

v für f-Laut
*primiti**v**, **V**izemeister, bra**v**, Moti**v**, Ner**v**en, **V**ers, akti**v**, passi**v**, ...*

v für w-Laut
*Kur**v**e, pri**v**at, Kla**v**ier, **V**anille, **V**ase, **V**okabel, ner**v**ös, **V**irus, Sil**v**ester, ...*

Getrennt- und Zusammenschreibung

Zusammensetzungen mit Nomen und Adjektiven

Wenn aus zwei Wörtern ein neues Wort gebildet wird, dann schreibt man sie zusammen.
Das **Grundwort** entscheidet dabei über die Wortart der Zusammensetzung.

Nomen	+ **Nomen**	= **Nomen**	*Holz*	+ *Tisch*	= *Holztisch*
Adjektiv	+ **Nomen**	= **Nomen**	*kurz*	+ *Wahl*	= *Kurzwahl*
Verb	+ **Nomen**	= **Nomen**	*treten*	+ *Mühle*	= *Tretmühle*
Nomen	+ **Adjektiv**	= **Adjektiv**	*Eis*	+ *kalt*	= *eiskalt*
Adjektiv	+ **Adjektiv**	= **Adjektiv**	*grün*	+ *gelb*	= *grüngelb*
Verb	+ **Adjektiv**	= **Adjektiv**	*denken*	+ *faul*	= *denkfaul*

Zusammenschreibung von Verben

Mit **Vorbausteinen** – auch wenn sie lang sind und als eigene Wörter vorkommen – werden Verben zusammengeschrieben.	Mit **Adjektiven** und **Adverbien** werden Verben zusammengeschrieben, wenn durch das Wort eine neue **Gesamtbedeutung** vorliegt.
***dagegen**sprechen, gegenüberstellen, zusammenkommen, **dazwischen**rufen*	*fern + sehen = (abends) **fernsehen*** *kalt + stellen = (einen Gegner) **kaltstellen***

Getrenntschreibung von Verben

Die Verben **sein** und **werden** werden nie mit anderen Wörtern zusammengeschrieben	*da **sein**, dabei **sein**, gut **werden***
Verben werden fast nie **mit anderen Verben** zusammengeschrieben	***spazieren gehen, geschenkt bekommen, getrennt schreiben***
Mit Nomen werden Verben fast nie zusammengeschrieben	***Rad fahren, Klavier spielen***

Mach die Betonungsprobe!
Wenn bei Zusammensetzungen mit Verben **der erste Wortbaustein betont** wird, ist Zusammenschreibung richtig.
*Du musst nichts **zu**geben.*
Wenn **das Verb betont** wird, ist Getrenntschreibung richtig.
*Du brauchst mir nichts zu **geben**.*

Zusammenschreibung bei Nominalisierungen

Mit Nomen oder anderen Verben werden Verben fast nie zusammengeschrieben, mit Adjektiven nur in wenigen Fällen. Aber wenn beide Wörter **wie *ein* Nomen gebraucht** werden, musst du sie **zusammen- und großschreiben**.

*Claudia würde gern **Auto fahren**, aber 13-Jährigen ist das **Autofahren** nicht erlaubt.*
*So bald wie möglich will sie **fahren lernen**; vor dem **Fahrenlernen** hat sie keine Angst.*
*Vor allem muss sie **älter werden**, doch leider lässt sich das **Älterwerden** nicht beschleunigen.*

4 SÄTZE

Satzglieder

Sätze bestehen aus dem **Prädikat** und anderen Satzgliedern: dem **Subjekt** oder verschiedenen Objekten, wie etwa **Akkusativobjekten**, **Präpositionalobjekten**, **Dativobjekten** oder **Adverbialen**.

Mach die Proben!
Mit der **Umstellprobe** kannst du herausfinden, was zu einem Satzglied gehört, weil die Wortgruppe oder die Wörter, die ein **Satzglied** bilden, auch beim Umstellen **immer eine Einheit** bleiben.
Achtung: Der Sinn der Satzaussage muss auch nach dem Umstellen erhalten bleiben!

1	2	3	4
Nicole	***überrascht***	*ihre Freunde*	*mit Fotos.*
Mit Fotos	***überrascht***	*Nicole*	*ihre Freunde.*
Ihre Freunde	***überrascht***	*Nicole*	*mit Fotos.*

Das **Prädikat** steht immer an zweiter Stelle im Satz.

Mit der **Ersatzprobe** kannst du das **Subjekt** und die **Objekte** bestimmen. Die Fragepronomen ersetzen das Satzglied, nach dem du fragst. Der Rest des Satzes bleibt unverändert.

Subjekt	***Wer*** (oder *was*) überrascht ihre Freunde?	***Nicole***
Akkusativobjekt	***Wen*** (oder *was*) überrascht Nicole?	***ihre Freunde***
Präpositionalobjekt	***Womit*** überrascht Nicole ihre Freunde?	***mit Fotos***

Das **Dativobjekt** findest du mit der Frage ***wem***?
Nicole schenkt ihrer Freundin ein Foto.
Wem** schenkt Nicole ein Foto? **ihrer Freundin

Adverbiale

Adverbiale sind Satzglieder, die Angaben über **Ort** (*wo?*), **Zeit** (*wann?*), **Art und Weise** (*wie?*), **Zweck** (*wozu?*) oder **Gründe** (*warum?*) enthalten. Sie können aus einzelnen **Wörtern**, **Wortgruppen** oder ganzen Adverbial**sätzen** bestehen.
Mit der **Umstellprobe** kannst du Adverbiale, genau wie andere Satzglieder, abgrenzen.
Wir kaufen uns jeden Freitag ein Eis am Kiosk.

Wir	***kaufen***	***uns***	***jeden Freitag***	***ein Eis***	***am Kiosk***
wer?	was geschieht?	*wem?*	*wann?*	*was?*	*wo?*
Subjekt	Prädikat	Dativobjekt	temporales Adverbial	Akkusativobjekt	lokales Adverbial

Arten von Adverbialen

Lokale Adverbiale geben **Orte** oder **Richtungen** an.

- **wo?** *hier, unter der Treppe, auf der Straße, hinter der Ecke …*
- **wohin?** *nach Hause, unter den Balkon, auf die Straße …*
- **woher?** *aus Stuttgart, vom Jahrmarkt …*

2 SÄTZE

Temporale Adverbiale geben **Zeitpunkte** oder **Zeiträume** an.
- **wann?** *jetzt, vor dem Essen, während des Unterrichts …*
- **seit wann? / bis wann?** *seit gestern, bis Ostern …*
- **wie lange?** *zwei Stunden, für zwei Wochen, über ein Jahr …*
- **wie oft?** *immer, nie, täglich …*

Kausale Adverbiale geben **Ursache** oder **Grund** an.
- **warum?** *wegen des Wetters, aufgrund meines Fehlers …*
- **wieso?** aus *Wut, mangels besserer Einfälle …*

Finale Adverbiale geben den **Zweck** an.
- **wozu?** *zum Spaß, fürs Radfahren, zwecks Bezahlung …*

Modale Adverbiale geben die **Art und Weise** an.
- **wie?** *ungern, mit Vergnügen, durch Zufall …*
- **womit?** *mit dem Kopf, mit Handschuhen …*

Auch diese Satzglieder lassen sich in **Nebensätze** umformen. Aus Adverbialen entstehen dann **Adverbialsätze**.
Wegen des andauernden Regens *fiel das Fest aus.*
Weil es andauernd regnete, *fiel das Fest aus.*
Hauptsatz und Adverbialsatz werden **immer durch ein Komma getrennt.**
Signalwörter für Adverbialsätze: *als, nachdem, wo, wie, wenn, weil, obwohl, sodass, ohne dass, um … zu …*

Attribute

Attribute dienen dazu, **Nomen** im Satz **näher zu erläutern**. Sätze sind aber auch ohne Attribute vollständig, daher kannst du sie mit der **Weglassprobe** erkennen.
Über das ***schöne*** *Wetter* ***am Rosenmontag*** *freuten sich die Teilnehmer* ***des Karnevalumzugs****.*
▶ *Über das Wetter freuten sich die Teilnehmer.*

Arten von Attributen

Art	Beispiel
Adjektivattribut	*der* ***schönste*** *Montag*
Genitivattribut	*der Tag* ***des Umzugs***
Präpositionalattribut	*der Wagen* ***mit der Blaskapelle***
Relativsatz	*der Mann****, der uns Bonbons zuwarf,***

Adjektivattribute
Adjektivattribute richten sich in ihrer Form nach den Nomen, auf die sie sich beziehen. Du erkennst das an den **Endungen** der Adjektive: *das erfolgreich**e** Spiel der deutsch**en** Mannschaft*

Mehrere aufeinanderfolgende Adjektivattribute haben dieselben Endungen: *schnell**e**, treffsicher**e** Pässe*

Haupt- und Nebensätze

Hauptsätze können allein stehen. Sie können aber auch mit Konjunktionen wie *und, aber, denn* aneinandergereiht werden. Dann bilden sie eine **Satzreihe.**
Fledermäuse sind Säugetiere, sie können fliegen.

Nebensätze sind unselbständige Sätze, die in andere Sätze eingebettet sind. Sie werden oft mit **Konjunktionen** wie *dass, ob, weil, wenn, als* oder mit **Pronomen** wie *der, die, das, wer, was* eingeleitet. Haupt- und Nebensätze bilden zusammen ein **Satzgefüge.**
Fledermäuse findet man auch bei uns, **wenn man ein bisschen Glück hat.**

Achtung Komma!
Die Sätze einer Satzreihe werden fast immer durch Kommas getrennt. Nur vor *und* bzw. *oder* brauchst du kein Komma zu setzen. **Nebensätze** werden **immer** durch **Kommas** vom Hauptsatz getrennt.

Subjekt- und Objektsätze

Anstelle der Satzglieder **Subjekt** oder **Objekt** können auch **Subjekt-** oder **Objektsätze** stehen. Ohne einen Subjekt- oder Objektsatz wären solche **Satzgefüge** unvollständig.
Dass Jenny wütend ist, *macht mir Sorgen.*
Wer mehr darüber weiß, *soll es jetzt sagen.*

Die Ersatzprobe
Mit der Ersatzprobe kannst du **Objekt- und Subjektsätze** bestimmen. Sie sind immer durch ***etwas*** oder ***jemand*** zu ersetzen.
Dass Jenny wütend ist, *habe ich gleich gemerkt.*
▶ ***Etwas*** *habe ich gleich gemerkt.* ▶ **Objekt**satz

Wer mehr darüber weiß, *soll es jetzt sagen.*
▶ ***Jemand*** *soll es jetzt sagen.* ▶ **Subjekt**satz

Relativsätze

Relativsätze sind Attribute und die häufigsten Nebensätze. Sie beginnen mit einem **Relativpronomen**, das sich auf das **Bezugswort** bezieht. Relativpronomen sind *der, die, das* und manchmal auch *welcher, welche, welches.*
Die Relativpronomen haben dasselbe **grammatische Geschlecht** und **stehen im Singular oder Plural** wie das **Bezugswort**, auf das sich der Relativsatz bezieht.
Der *Torwart,* ***der*** *überrascht wurde, hielt den Ball nicht.*
Die *rote Karte,* ***die*** *gezogen wurde, bedeutete für ihn das Aus.*
Das *Spiel,* ***das*** *kaum Höhepunkte bot, endete torlos.*

Relativsätze werden mit **Kommas** vom Hauptsatz getrennt. Ein Komma steht ***vor*** **dem Relativpronomen,** eins ***nach*** **dem Prädikat** (oder ein Punkt).

Infinitivsätze mit „zu"

Was in einem ***dass-Satz*** steht, kann oft auch in einem Infinitivsatz mit ***zu*** ausgedrückt werden.
Wir sind uns darüber einig, ***dass wir jetzt eine Pause machen.***
Wir sind uns darüber einig, ***jetzt eine Pause zu machen.***

Achtung Komma!
Ein Infinitivsatz mit ***zu*** wird durch Komma(s) vom Hauptsatz getrennt, wenn er
- durch Wörter wie *um, ohne, (an)statt, als* oder *außer* eingeleitet wird:
  Sie gingen, ***ohne*** *ein Wort zu sagen.*
- von einem Nomen oder verweisenden Wort im Hauptsatz *(es, daran, darüber, dazu)* abhängig ist:

Uns liegt sehr ***daran****, eine gemeinsame Lösung zu finden.*
Es *ist unser Ziel, eine gemeinsame Lösung zu finden.*